AF314872

# I

## RÉORGANISATION DES SERVICES
## DU MINISTÈRE DU COMMERCE ET DE L'INDUSTRIE

## Vœu A

**La Réunion générale des Industriels textiles,**

Considérant que, par suite du développement économique de tous les peuples et de la concurrence toujours plus ardente qu'ils se livrent sur les grands marchés du monde, le ministère du Commerce et de l'Industrie voit son rôle sans cesse agrandi et doit être doté des organes répondant à l'importance de sa mission;

Considérant qu'en raison des remaniements opérés dans les services ministériels, les questions industrielles se trouvent relever, non seulement de très nombreux services d'un même ministère, mais de plusieurs départements ministériels : Commerce, Travail, Finances, Colonies;

Considérant qu'actuellement, au ministère du Commerce et de l'Industrie, les affaires industrielles sont confondues avec les affaires commerciales et sont placées au second plan dans une direction unique qui, parmi des attributions déjà très considérables et destinées encore à s'étendre dans l'avenir, s'occupe plus particulièrement des échanges;

Considérant que le sort de l'industrie, qui assure les salaires de 7 millions de personnes dépend, non seulement des conditions de vente des produits manufacturés, mais encore et surtout des éléments complexes influant sur la production : approvisionnement en matières premières, transports, impôts, réglementation du travail, charges sociales, etc.;

Considérant que, si ces questions sont traitées isolément dans divers services, elles ne sont jamais envisagées dans leur ensemble, au point de vue de leurs répercussions générales, et, qu'à cet égard, la création d'un service placé auprès du ministre du Commerce et de l'Industrie pour suivre pas à pas la vie industrielle, en ses multiples manifestations tant en France qu'à l'étranger, s'impose à l'attention des pouvoirs publics;

*Émet le vœu :*

Qu'à l'exemple de la Belgique et de divers autres États, une Direction de l'Industrie chargée de l'étude d'ensemble des questions industrielles soit créée au ministère du Commerce et de l'Industrie;

# II

## IMPOT SUR LE REVENU

## Vœu B



**La Réunion générale des Industriels textiles,**

Considérant que la Chambre, en s'éloignant, pour déterminer l'assiette de l'impôt sur les revenus de l'industrie, du principe des signes extérieurs et de la notion de la productivité et en adoptant la conception du « *revenu imposable constitué par l'excédent des recettes brutes sur les dépenses et amortissements inhérents à l'exercice de la profession* », a encore accentué le caractère inquisitorial du projet;

Considérant en effet que la recherche du « revenu imposable » tel qu'il est défini par la Chambre entraînerait fatalement toutes les mesures vexatoires que comporte la déclaration contrôlée c'est-à-dire, non seulement la communication des livres, mais encore l'analyse détaillée de la comptabilité en vue d'apprécier les causes et justifications des dépenses et amortissements;

Considérant qu'aux charges des impôts cédulaires auxquels viendrait se superposer l'impôt complémentaire, il faut encore ajouter celles des impôts départementaux et communaux destinés à remplacer les centimes additionnels dont le poids, par suite de la suppression de la contribution personnelle mobilière, retomberait sur l'agriculture, le commerce et l'industrie;

Considérant qu'en procédant à la refonte des impôts d'État sans connaître les ressources destinées à remplacer un total de centimes additionnels presque égal au principal des quatre contributions, on expose non seulement les contribuables mais les-divers budgets à des surprises irréparables et aux conséquences d'une crise économique et financière sans précédent;

Considérant qu'il est absolument inexact de prétendre que notre système fiscal emprunte la plus grande part de ses ressources aux impôts indirects frappant le nécessaire et qu'il a été « *combiné de façon à privilégier une catégorie de citoyens* »;

Considérant que, depuis l'établissement du tarif progressif de 1901 sur les successions et la suppression des droits sur les boissons hygiéniques, le montant des impôts frappant les capitaux et les revenus qui était déjà de 20,69 0/0 en 1896 s'est élevé en 1906 à 23,2 0/0 du total de nos impôts, alors que le montant des taxes de consommation sur le nécessaire est tombé de 28,89 0/0 en 1896 à 16,3 0/0 en 1906 [1];

Considérant que le projet actuel est une preuve nouvelle d'une tendance désastreuse à emprunter à un autre pays, dont la mentalité diffère de la nôtre, des lois d'obligation et d'assujettissement alors que l'Alsace-Lorraine, échappant à l' « einkommensteuer » prussien, révisait ses quatre contributions et réalisait une œuvre fiscale totalement différente du système adopté par la Chambre;

*Émet le vœu :*

Que le Sénat repousse tout projet basé sur la personnalité, la progressivité et la globalité et divisant les citoyens en deux classes : l'une représentant l'immense majorité des citoyens, en grande partie exemptée des charges publiques, l'autre, une minorité, taillable à merci;

Qu'en ce qui touche les revenus du commerce et de l'industrie, il se prononce contre toute méthode de détermination des revenus qui, en s'éloignant de la conception de la productivité déduite des signes extérieurs, conduirait directement ou indirectement à la déclaration contrôlée;

Que le Parlement poursuive l'œuvre de révision et de remise au point de nos impôts directs et notamment du foncier non bâti et des patentes en restant fidèle aux principes de la réalité et de la proportionnalité.

---

[1] V. Le tableau publié en annexe du bulletin de l'Union de mai-juin 1908.

# III

## DROITS DE MUTATION PAR DÉCÈS

# Vœu C

**La Réunion générale des Industriels textiles,**

Considérant que si les droits progressifs de mutation par décès adoptés en 1901 pèsent lourdement sur tous les contribuables, ils frappent plus gravement encore les détenteurs d'immeubles parce qu'ils sont appliqués, *sans aucune déduction des charges*, à une valeur estimative très supérieure à la valeur vénale réelle;

Considérant que, par suite de ces méthodes d'évaluation, les immeubles supportent un impôt progressif à rebours atteignant particulièrement la classe moyenne, c'est-à-dire celle qui, par le travail industriel et commercial, contribue plus directement à la prospérité et à l'activité du pays;

Considérant que si le tarif fédéral allemand de 1906 n'a imposé aucun droit pour les dévolutions de biens en ligne directe et entre époux et si, en Angleterre, pour les mêmes degrés de parenté, les successions supportent l' « estate duty » seul, à l'exclusion des autres droits « legacy », et « succession duty », *aucune exemption n'a été prévue, même en ligne directe, par le tarif de 1901;*

Considérant que, d'après une note officielle parue dans la presse,

M. le Ministre des Finances songerait à superposer à l'impôt progressif énorme qui pèse actuellement sur le capital une taxe successorale atteignant, avant tout partage, la fortune globale du défunt;

Considérant que cette taxe successorale nouvelle, frappant le capital tandis que l'impôt cédulaire et l'impôt complémentaire atteindraient les revenus du travail industriel, achèverait l'œuvre d'expropriation commencée par le tarif progressif de 1901 et que la seule annonce d'un tel projet aurait pour résultat de décourager toute entreprise vraiment durable.

Considérant que des commentaires officieux tentent d'invoquer, à l'appui de la création de ce nouvel impôt sur le capital, le précédent de l' « estate duty » anglais prélevé également sur le montant global des successions [1].

Considérant que l'ensemble des diverses taxes successorales anglaises frappe moins durement le contribuable que la tarification française de 1901;

Considérant, en outre, que les droits d'enregistrement sur les mutations à titre onéreux en matière immobilière et sur les opérations hypothécaires n'entrant dans le budget des recettes britanniques de 1905-1906 que pour 29 millions de francs contre 150 millions dans le budget français de 1906, « l'estate duty » doit être considéré comme jouant le rôle d'un droit de mainmorte, sans analogie aucune avec la taxe d'expropriation dont il est question;

*Émet le vœu :*

Que le Parlement, repousse toute disposition ayant pour objet, comme le projet dont le prochain dépôt est annoncé, d'aggraver le tarif de 1901 qui présente déjà tous les caractères d'une mesure d'expropriation partielle;

Que les Pouvoirs publics veuillent bien prendre en considération que des mesures fiscales destinées à traquer le travail industriel sous toutes ses formes, revenus et capitaux, amèneraient la disparition graduelle des entreprises.

---

(1) La traduction littérale de l'expression « estate duty » est celle-ci : « droit sur la propriété ».

Bar le-Duc. — Imprimerie Contant-Laguerre.

# IV

## RETRAITE OBLIGATOIRE DE VIEILLESSE

## Vœu D

**La Réunion générale des Industriels textiles,**

Considérant que la véritable solution de la question des retraites réside, ainsi que des vœux précédemment exprimés l'ont déjà fait ressortir, dans la juxtaposition : 1° d'un système de pensions de vieillesse alimentées par tous les Français et profitant à tous sans distinction de classe, suivant le type de la loi anglaise de 1908 et de notre loi sur l'assistance des vieillards; 2° d'un ensemble d'encouragements de l'État à la prévoyance libre et surtout à la mutualité ;

Considérant que cette opinion concorde avec celle des chambres de commerce, syndicats patronaux et ouvriers, fédérations mutualistes et sociétés de secours mutuels, puisque sur 9.582 groupements ayant répondu au questionnaire, 7.154 soit 74,66 0/0 se sont prononcés contre les versements obligatoires imposés à des catégories déterminées de citoyens;

Considérant qu'il y a lieu, dans ces conditions, de protester à nouveau contre tout système ayant l'obligation à sa base et notamment contre les deux projets, l'un d'initiative parlementaire, l'autre présenté par le Gouvernement, dont la Commission sénatoriale est actuellement saisie;

Considérant que les producteurs français déjà enserrés par la plus étroite réglementation se trouveraient supporter, du fait de l'adoption de l'un ou de l'autre de ces projets, des charges très supérieures à celles des industriels allemands qui, au récent Congrès de Rome, formulaient des protestations très nettes au sujet du coût de l'assurance contre l'invalidité et la vieillesse ;

Considérant que le projet du Gouvernement, en imposant aux employeurs l'obligation de retenir sur les salaires la cotisation ouvrière, les transformerait en agents du fisc et leur attribuerait ainsi un rôle aussi incompatible avec leur dignité et celle de leurs collaborateurs ouvriers que dangereux au point de vue de la paix sociale ;

Considérant que si véritablement, comme le prétendent les partisans de l'obligation, celle-ci doit devenir « *l'école primaire de la mutualité* », les cotisations doivent être aussi peu élevées que possible, afin de faciliter les versements facultatifs, et directement payées par les assujettis qu'on se propose d'initier à la prévoyance libre ;

*Émet le vœu :*

Que, suivant l'opinion presque unanime des groupements consultés lors de l'enquête sénatoriale de 1907, le Parlement se prononce contre tout système e ayant à sa base l'obligation ;

Que la question des retraites soit résolue : Iᵒ grâce à l'amélioration progressive de la loi sur l'assistance des vieillards de façon à transformer celle-ci en une loi sur les pensions de vieillesse alimentées par tous les Français et bénéficiant à tous sans distinction, IIᵒ par l'adoption de mesures destinées à encourager la prévoyance libre et surtout les mutualités ;

Que le législateur repousse toute disposition tendant à contraindre l'employeur à devenir un agent du fisc en faisant de lui le collecteur des cotisations ouvrières, même en fin d'exercice.

Bar-le-Duc. — Imprimerie Contant-Laguerre.

# V

## RÉGLEMENTATION DU TRAVAIL

## Vœu E

**La Réunion générale des Industriels textiles,**

Considérant que l'industrie textile est exposée aux brusques fluctuations du marché mondial, de courtes périodes de prospérité faisant place à de longues accalmies et à des crises fréquentes ;

Considérant que les spécialités textiles, ainsi qu'en témoigne l'expérience de ces dernières années, se trouvent en outre assujetties aux caprices de la mode et à l'influence de la température, lors des changements de saison ;

Considérant que notre législation du travail manque à cet égard de souplesse et qu'elle n'est pas adaptée aux nécessités d'ordre pratique auxquelles est soumise la fabrication textile ;

Considérant qu'en 1907 notamment, date d'une reprise d'affaires malheureusement trop courte, les producteurs français ont été devancés sur les marchés extérieurs, au grand détriment de la richesse publique et en particulier des salaires, par ceux de leurs concurrents étrangers qui, produisant à un prix de revient inférieur et bénéficiant en outre d'une réglementation du travail moins rigide, ont plus largement profité des circonstances favorables ;

Considérant qu'il importe, dans l'intérêt des employeurs et des employés, d'introduire dans la loi des dérogations soumises à un simple préavis aux inspecteurs du travail, et permettant de remédier à l'état d'infériorité dans lequel se trouvent placés les industriels vis-à-vis de leurs concurrents ;

Considérant qu'il est également indispensable d'autoriser les chefs d'établissement et leur personnel à récupérer intégralement et moyennant un simple préavis les heures perdues par suite d'un chômage accidentel ;

*Émet le vœu :*

Que la loi accorde à toutes les industries textiles sans exception, pour tout le personnel, les dérogations prévues actuellement pour les industries saisonnières et augmente le crédit d'heures supplémentaires réservé à celles-ci ;

Que, s'inspirant de la proposition Waddington-Maxime Lecomte, elle facilite aux chefs d'établissement et à leur personnel, le moyen de remédier aux conséquences d'un chômage accidentel et de récupérer le temps perdu, en permettant de porter la durée quotidienne du travail à 12 heures, sur simple préavis, pendant un nombre de jours déterminé, puis, au delà de ce délai, sous réserve de l'autorisation préalable de l'inspecteur.

Bar-le-Duc. — Imprimerie Contant-Laguerre.

# VI

## LÉGISLATION DES ACCIDENTS DU TRAVAIL

## Vœu F

**La Réunion générale des Industriels textiles,**

Considérant que l'article 4 de la loi du 31 mars 1905 modifiant la loi du 9 avril 1898 a donné naissance à de graves abus reconnus par le corps médical lui-même, en laissant à la victime le libre choix du médecin ;

Considérant qu'une véritable exploitation des accidents du travail est organisée par certains praticiens pour grossir les notes d'honoraires et de frais pharmaceutiques ;

Considérant que ces pratiques blâmables, venant s'ajouter à la disposition de la loi de 1905 qui fait partir du premier jour l'indemnité temporaire si l'incapacité a duré plus de dix jours, se traduisent par une augmentation de la prime d'assurance qui atteint dans certaines industries une proportion de 150 à 200 0/0 ;

Considérant, que tout en conservant à l'ouvrier le libre choix de son médecin pour les accidents graves, il serait indispensable d'entourer cette faculté de garanties efficaces en ce qui touche les accidents de peu d'importance ;

Considérant, qu'au Congrès de Rome de 1908, diverses propositions ont été examinées tendant à la revision du libre choix institué par l'article 4 de la loi de 1905;

Considérant que M  le sénateur Petitjean, s'inspirant des avis formulés dans ce Congrès, vient de déposer une proposition de loi tendant à prévenir les abus sur lesquels il appelait l'an dernier l'attention des pouvoirs publics;

Considérant que le tarif des frais médicaux et pharmaceutiques annexé à la loi du 31 mars 1905 est en ce moment soumis à l'examen d'une Commission dite des Accidents du travail;

*Émet le vœu :*

Que l'article 4 de la loi du 31 mars 1905 soit modifié dans le plus bref délai, selon les conclusions du Congrès de Rome;

Que la Commission des Accidents du travail revise le tarif actuel et substitue, pour la rémunération des médecins, un tarif forfaitaire au tarif à la visite.

Bar-le-Duc. — Imprimerie Contant-Laguerre.

# VII

# PRESCRIPTIONS DU DÉCRET DU 26 NOVEMBRE 1904-11 JUILLET 1907 AU SUJET DES MESURES PRÉVENTIVES CONTRE L'INCENDIE

## Vœu G

**La Réunion générale des Indutriels textiles,**

Considérant que les articles 16 et 17 du décret du 29 novembre 1904-11 juillet 1907 ont prévu une série de prescriptions destinées non seulement à protéger le personnel contre le feu, mais encore à assurer l'extinction de l'incendie ;

Considérant que, si les mesures destinées d'après les articles 16 et 17 à assurer l'évacuation des ateliers trouvent logiquement leur place dans un décret relatif à l'hygiène et à la sécurité, certaines d'entre elles devraient, dans l'intérêt même de leur efficacité, concorder davantage avec les nécessités pratiques de l'industrie et le mode de construction des immeubles industriels ;

Considérant que les dispositions de l'article 17 *b*, au sujet de l'intervention du personnel en vue de l'extinction des incendies sont contradictoires avec les prescriptions qui tendent à assurer, en cas de danger, l'évacuation des usines et qu'elles n'ont pas de raison d'être dans le décret ;

*Émet le vœu :*

Que les articles 16 et 17 du décret de 1904 relatifs aux dispositions à prendre pour protéger le personnel des usines contre le danger d'incendie soient revisés de façon à concorder avec les nécessités de l'industrie;

Que les prescriptions relatives à la participation du personnel à l'extinction du feu ne soient pas maintenues, le premier devoir d'un chef d'établissement étant d'assurer l'évacuation de ses ateliers.

Bar-le-Duc. — Imprimerie Contant-Laguerre

# VIII

## ENSEIGNEMENT TECHNIQUE OBLIGATOIRE

# Vœu  H

**La Réunion générale des Industriels textiles,**

Considérant qu'un projet de loi du 13 juillet 1905 qui va être prochainement discuté à la Chambre, propose de remédier à la crise de l'apprentissage au moyen de la création de cours de perfectionnement dont la fréquentation serait obligatoire pour les jeunes ouvriers et ouvrières de moins de 18 ans et dont la durée serait imputée sur le travail effectif, dans une limite de deux heures par jour et de huit heures par semaine;

Considérant que, de l'avis même des fonctionnaires de l'inspection, le seul moyen de remédier à la décadence de l'apprentissage serait de faire bénéficier toutes les industries, sans exception, d'un crédit d'heures supplémentaires leur permettant, comme c'est le cas actuellement pour certaines spécialités saisonnières, de prolonger, pendant un nombre déterminé de jours par an, la durée du travail du personnel protégé;

Considérant que le projet proposé, au lieu d'atténuer la crise de l'apprentissage, ne ferait que l'aggraver en réduisant à quarante-huit heures par semaine la durée du travail effectif des jeunes ouvriers et ouvrières de moins de 18 ans et en provoquant ainsi, dans les industries où la connexité du travail rend indispensable la présence simultanée de tout le personnel, le remplacement des ouvriers et ouvrières de moins de 18 ans par des adultes ; .

Considérant toutefois que l'enseignement technique doit être encouragé, mais qu'il convient de le distinguer nettement de l'apprentissage qui, s'entendant de la connaissance pratique et spécialisée d'un métier est, en ce qui concerne les textiles, extrêmement rapide, tandis que l'enseignement technique comporte un ensemble des connaissances générales permettant à des sujets d'élite l'accès des emplois supérieurs ;

Considérant que cet enseignement, pour être fructueux, devrait compléter les études primaires et se superposer à elles et qu'il importerait également, dans un intérêt supérieur de moralité, de prolonger l'assiduité à l'école jusqu'à l'âge auquel les enfants sont autorisés à entrer dans l'industrie, ainsi que le propose un projet de loi récent du Gouvernement ;

Confirmant un vœu précédemment adopté ;


*Émet le vœu :*

Qu'en matière d'enseignement professionnel, le législateur repousse tout système s'inspirant du principe de l'obligation qui serait forcément, en opposition avec les nécessités pratiques de l'industrie textile ;

Que l'enseignement technique élémentaire soit donné aux enfants pendant leurs dernières années d'école et que l'âge auquel l'assiduité scolaire cesse d'être obligatoire coïncide avec celui de l'admission des jeunes ouvriers et ouvrières dans les établissements industriels ;

Que les subventions et encouragements de l'État viennent aider l'initiative individuelle dans l'organisation des cours professionnels destinés, en ce qui concerne les industries textiles, à former des directeurs, des contremaîtres, des employés supérieurs, ainsi que dans la création de cours de perfectionnement ouverts à des ouvriers adultes ayant déjà des connaissances pratiques de leur profession.

Bar-le-Duc. — Imprimerie Contant-Laguerre.